RÉPONSE

DE

Monsieur PAUTRIER

MAIRE DE BOUC

A LA LETTRE DE M. ROLLAND

Capitaine de vaisseau en retraite

POUR SERVIR DE

MÉMOIRE A CONSULTER AU CONSEIL D'ÉTAT

« Le langage de la justice et de la raison est le seul
« qui puisse avoir un succès durable aujourd'hui. »
(MIRABEAU)

MARSEILLE

A. THOMAS ET Cⁱᵉ, IMPRIMEURS DU DÉPARTEMENT
ET DU CONSEIL GÉNÉRAL
11, Rue de la Paix, 11

1878

RÉPONSE

DE

Monsieur PAUTRIER

MAIRE DE BOUC

À LA LETTRE DE M. ROLLAND

Capitaine de vaisseau en retraite

POUR SERVIR DE

MÉMOIRE A CONSULTER AU CONSEIL D'ÉTAT

« Le langage de la justice et de la raison est le seul
« qui puisse avoir un succès durable aujourd'hui. »
(MIRABEAU)

MARSEILLE

A. THOMAS ET Cᵢᵉ, IMPRIMEURS DU DÉPARTEMENT
ET DU CONSEIL GÉNÉRAL
11, Rue de la Paix, 11

1878

RÉPONSE

DE

M. PAUTRIER, Maire de Bouc

A LA LETTRE

DE

M. ROLLAND, Capitaine de vaisseau en retraite

pour servir de Mémoire à consulter

AU CONSEIL D'ÉTAT

I

Réflexions préalables

Monsieur,

Trouvant dans le calme de ma conscience une suffisante satisfaction, je ne voulais répondre que par le silence aux allégations aussi injustes qu'inexactes dont vous vous êtes fait, à mon égard, le propagateur. Si je prends la plume aujourd'hui, c'est uniquement pour obtempérer aux sollicitations d'un grand nombre de mes amis : Croyez-le bien, je ne le fais ni pour vous, ni pour moi !!!

Respectueux serviteur du suffrage universel, notre souverain juge sous le gouvernement démocratique républicain que la France s'est librement donné et qu'elle ne fait qu'affirmer dans toutes les occasions où elle est consultée, vous ne serez pas étonné, relativement à mes fonctions de Maire, que je préfère à votre appréciation, isolée et partiale, celle de la grande majorité de mes concitoyens, qui, depuis huit ans, m'a donné à sept reprises différentes un témoignage incontestable d'estime et de sympathie.

Je vous dispense du rôle que vous paraissez vouloir vous attribuer. Vous n'êtes point *mon ami;* je tiens encore moins à être le vôtre! Vous m'adressez une lettre à laquelle vous prétendez conserver le caractère bienveillant, et vous y faites étalage de sentiments de délicatesse. Ah! Monsieur, vous n'avez trompé personne sur votre but et vos intentions. Il y avait d'autres moyens, dictés par la courtoisie, que ceux que vous avez employés.

La haine est une détestable conseillère! Il ne suffit point d'imprimer contre quelqu'un un méchant libelle et de le signer pompeusement de ses titres et anciennes qualités, pour inspirer confiance à l'opinion publique. C'est une maladresse de parler de loyauté, lorsque l'on se trouve à chaque pas en contradiction avec la vérité.

Nous avons des juges, dites-vous! J'attends avec confiance leur décision. Vous trouvez que nous en avons eus qui n'ont point été favorables à mes dires : mais dès lors, pourquoi donc, après la décision des juges de première instance, avez-vous éprouvé la nécessité d'en appeler à la Cour? Et si la Cour, de son côté, vous a donné gain de cause, que signifie votre recours actuel au Conseil d'Etat? On n'a pas besoin d'épuiser ainsi toutes les juridictions, quand on a gagné son procès!

Vous gémissez, Monsieur, vous, simple particulier, d'avoir à représenter les intérêts de la commune, contre moi qui en suis le Maire. Vous colportez ici encore une erreur : ce sont vos propres intérêts, et non ceux de la collectivité des habitants, qui vous mettent en tel mouvement. Les débats de l'affaire de *la source* le démontrent suffisamment, comme je l'exposerai ci-après.

Il était inutile, Monsieur, de me rappeler vos services militaires que je n'ai jamais contestés. Je n'ai point l'habitude de m'occuper de vous et de mêler à nos différends mes fonctions professionnelles. Si je suis chef de section principal du chemin de fer, je le dois à vingt ans de bons et loyaux services que la Compagnie P.-L.-M. a pu apprécier mieux que qui que ce soit.

Toutefois, je retiens de ce paragraphe un détail historique : vous me dites que vous avez défendu la ville de Besançon contre les entreprises prussiennes !... J'ignorais, et bien d'autres avec moi, que cette ville eût été attaquée !... J'espère que ce n'est pas le seul exploit dont la patrie vous soit reconnaissante.

II

Souscription pour les fusils

Dès le début de ce paragraphe, vous annoncez une discussion courtoise. Tous ceux qui connaissent votre caractère violent et brutal, (défaut d'homme de guerre), savent fort bien qu'il vous est impossible d'être courtois. « Chassez le naturel, il revient au galop ». La suite de votre lettre a parfaitement confirmé l'appréciation qu'on s'en était faite dès le début.

De mauvais bruits ont couru au sujet de sous-criptions ! C'est là une allégation hasardée ; car il n'en a jamais été question que dans votre entourage, au milieu de la petite coterie qui s'agite sous votre bannière.

Cette affaire a eu lieu en plein jour, et la grande majorité de la population l'a parfaitement connue dans tous ses détails.

Parlons, pour mémoire, de la souscription en faveur des blessés. Elle s'est élevée à 870 fr. et non à 800 fr. Première inexactitude sur ce point.

Absent de la commune au moment où elle a été faite, je n'y ai pris part en aucune façon. Recueillie par divers commissaires, elle a été versée par trois d'entre eux, honorables citoyens, entre les mains du sous-préfet, à Aix. Ce versement fut fait du 10 au 14 septembre 1870.

Si cette somme n'est point arrivée à sa destination, pour le soulagement des blessés, je le regrette vivement. J'ajoute qne la destination en était bien telle, ainsi qu'il résulte d'une lettre en date du 23 décembre 1870, qui se trouve dans le dossier de cette affaire à la Sous-Préfecture d'Aix.

Au mois de novembre 1870, différente de la précédente souscription qui avait été spontanée et à laquelle je n'avais pas pris part, une autre souscription fut faite par mes soins pour achat de fusils destinés à l'armement de la garde nationale que j'avais organisée, en ma qualité de Maire, sur les ordres du gouvernement de la Défense Nationale, que vous avez servi.

La souscription s'éleva à 1,352 fr., et non à 1,300 fr. Deuxième inexactitude. La feuille originale, sur laquelle elle a été faite, porte, contrairement à vos insinuations, empreintes de cette loyauté qui vous distingue : « *Monsieur Pautrier, souscripteur pour cent francs* ». Comment donc faut-il qualifier votre assertion?

L'achat des fusils ne put avoir lieu immédiatement, par la raison que les fournisseurs n'avaient pas d'armes à vendre à ce moment. Je conservai les 1,352 fr., sur l'avis conforme du Conseil municipal. Mais, par suite des événements, la commune dut pourvoir aux frais de la mobilisation et de l'armement des gardes nationaux au dessous de 40 ans, appelés à la défense de la patrie.

Les lettres de l'Administration supérieure réclamaient à la commune le versement immédiat de la somme à laquelle elle avait été taxée. Cette somme devait se réaliser au moyen soit d'une imposition extraordinaire, soit d'un emprunt, soit d'avances des particuliers, soit de l'emploi de fonds dont la destination spéciale pouvait être différée.

Le Conseil municipal, appelé à en délibérer, prit à la date du 8 janvier, trois délibérations relatives : 1° aux frais de la mobilisation ; 2° à un supplément de solde pour l'ordinaire, pendant 10 jours, des mobilisés de la commune et 3° à l'achat d'un fourgon.

La garde nationale sédentaire ayant été réduite d'une quarantaine de mobilisés, et les finances communales ne permettant point de faire face à toutes les dépenses réclamées, le Conseil municipal pensa qu'il était sage de prélever sur la souscription de 1,352 fr. la somme à peu près équivalente à la valeur des fusils qu'il eût fallu acheter, pour armer les gardes nationaux mobilisés, s'ils étaient restés dans la commune. Il crut, et le Maire avec lui, que de la sorte l'intention des souscripteurs se trouverait satisfaite. Il fut donc prélevé 220 fr. 25 c. pour parfaire le total de 5,170 fr. 25 c., contingent auquel la commune avait été taxée pour les frais de la mobilisation, 150 fr. pour les frais d'ordinaire, et 25 fr. pour part contributive à l'achat d'un fourgon d'ambulance, soit ensemble 395 fr. 25 c., c'est-à-dire à peu près le tiers du montant de la dite souscription.

Vous cherchez, en vain, à égarer l'opinion publique ; tout le monde sait dans la commune qu'il n'y a eu que cette seule souscription, et, je le répète, nous avions la ferme conviction que nous pouvions la considérer comme applicable à l'objet qui vient d'être indiqué.

J'ajouterai que la plupart des souscripteurs, parmi lesquels se trouvaient à peu près tous les membres du Conseil municipal, furent consultés verbalement. On en trouve la preuve évidente dans les délibérations sus-indiquées qui furent prises à l'unanimité et qui sont signées de MM. Beillieu Maurice et Pélissier Martin, qui, quoique n'étant pas en communion d'idées politiques avec la majorité du Conseil municipal, donnèrent à ces mesures leur entière approbation.

Des virements furent proposés par M. Pautrier, administrateur fort habile ! Votre ironie veut être méchante, mais ne fait aucun mal, car elle ne s'appuie sur rien. Le Maire a toujours le devoir d'éclairer le Conseil municipal sur la meilleure direction à donner aux affaires de la commune ; et, au milieu des circonstances douloureuses que vous rappelez, ce n'était point sans difficultés qu'il pouvait parer aux exigences de la situation. Les virements faits l'on été régulièrement, par changement d'affectation de crédits ouverts au budget de l'exercice courant, après le vote unanime du

Conseil municipal et l'approbation de l'autorité supérieure.

Avant de parler des délibérations du 8 janvier, vous dites que « le gouvernement avait cru prudent d'interdire les achats d'armes, et que l'on s'attendait au remboursement des sommes souscrites ». Où avez-vous puisé ce renseignement? Voudriez-vous bien citer un seul document officiel relatif à cette interdiction?

Au mois d'avril suivant, en effet, l'affaire fit un pas. Après la décision de l'Assemblée nationale qui vota le désarmement général de toutes les gardes nationales de France, il n'y avait plus lieu de faire aucune acquisition d'armes. C'est alors qu'à la date du 11 avril 1871, j'adressai une circulaire à tous les souscripteurs pour leur faire connaître les détails de la question, et mettre à leur disposition le montant de leur souscription réduit d'un tiers, prorata que j'ai indiqué ci-devant.

C'est ainsi que je remboursai, sur la somme totale, celle de 940 fr. 94 c. après avoir reçu du plus grand nombre des souscripteurs des lettres précieuses pour moi, car elles justifient que les intéressés ont apprécié bien différemment que vous, qui n'avez pas été souscripteur, ma conduite en cette circonstance.

Je me contente de transcrire ci-dessous (1) les réréponses de MM. Honoré Roussin et Philippe de Ray-

(1) Marseille, le 18 avril 1871.

Monsieur le maire,

J'ai reçu votre dépêche du 11 courant dans laquelle vous me dites que. n'ayant pu acheter des fusils pour l'armement de la garde nattonale de Bouc, vous mettez à ma disposition la somme de cent francs, montant d'une portion de celle que je vous ai envoyée pour employer en achat d'armes.

J'approuve hautement l'emploi que vous avez fait d'une partic de ma souscription. Je ne pourrai trop vous féliciter, monsieur le maire, de l'intelligence administrative que vous avez appliquée, aidé par le Conseil municipal, à la conduite de cette affaire, qui a évité à la commune un surcroît de contribution considérable.

Je vous prie de vouloir bien verser la somme de cent francs entre les mains de M. le percepteur des impositions pour l'acquit de mes contributions.

mond, ne citant que pour mémoire celles de MM.
Arnaud, Grange, Roques, Lauzier, Autran, Durand
Antoine et de Mmes d'Albertas et Décugis.

J'ai remboursé, je le répète, tous ceux qui se sont
présentés pour l'être, et je défie un seul souscripteur
d'oser affirmer qu'il ne l'a pas été, malgré sa demande.
M. Fabre-Demollins, seul, me répondit alors, pour
prendre acte de la somme que je mettais à sa disposition, et faire des réserves sur le prélèvement du tiers
appliqué sur la généralité des souscriptions.

Pendant ce temps, le gouvernement fit prendre à la
charge de l'Etat la totalité des frais de la Défense nationale, et l'Assemblée décida que les sommes avancées à
cet effet par les communes leur seraient remboursées
par annuités d'un cinquième.

Dès le 1er remboursement qui eut lieu, je me fis restituer la somme de 175 fr. qui avait été prélevée sur la
souscription, pour l'ordinaire et pour l'achat d'un fourgon, celle de 220 fr. 25 c. étant acquise à la commune,
par suite de l'abandon de souscriptions équivalentes
fait en sa faveur. Je fis aviser, par l'intermédiaire du

J'écris en conséquence à M. Fontaine d'en faire recette à
mon crédit.

Veuillez agréer l'assurance, monsieur le maire, de la considération distinguée de votre obéissant serviteur.

Signé : H. ROUSSIN.

Marseille, le 15 avril 1871.

Monsieur le Maire,

Je réponds à la lettre que vous m'avez fait l'honneur de
m'écrire le 11 courant; j'accepte la proposition que vous me
faites et je recevrai présentement la somme de 66 fr. 65 c. for-
mant le solde de celle que je versai en octobre dernier pour
l'achat de fusils pour l'armement de la garde nationale de
Bouc.

J'approuve en tous points tout ce que vous avez fait dans
l'intérêt général, et le prélèvement du tiers de la somme versée
appliqué à l'armement des mobilisés de la commune,

C'est en vous remerciant de vos bons soins et de votre sol-
licitude pour vos administrés, que j'ai l'honneur d'être

Votre dévoué serviteur, par procuration de Philippe de
Raymond.

Signé : A. de RAYMOND.

garde-champètre , qui était alors le sieur Pontier Antoine , tous les souscripteurs qu'ils pouvaient se présenter chaque dimanche , après-midi , à la Mairie pour retirer , contre reçu , le solde ou l'intégralité du montant de leur souscription. Quelques remboursements nouveaux eurent ainsi lieu.

M. Fabre Demollins eût pu faire comme tant d'autres : venir retirer sa souscription, ou m'adresser son reçu ; mais il n'en avait rien fait. Comme je n'avais aucune relation avec lui , je ne l'avais point vu depuis assez longtemps.

Le 19 avril 1874, et non en 1875, comme vous l'avez imprimé dans votre lettre , je me rendis , sur son invitation, à la Mairie, où il m'avait succédé , pour lui fournir quelques renseignements sur la préparation des budgets et la tenue de la session de mai qui allait s'ouvrir. Je lui rappelai , à cette occasion , que j'avais toujours à sa disposition la somme qui lui revenait de sa souscription. Probablement , pensant me prendre au dépourvu, il me répondit qu'il était prêt à encaisser immédiatement , et, sur son reçu, je lui comptai la somme de cent francs. Vous n'êtes jamais heureux dans vos citations! Ce n'était point le jour de son installation comme Maire ; le procès-verbal d'installation couché sur le registre de la Mairie est du 29 mars 1874, et le reçu que j'ai entre les mains est du 9 avril suivant !

En le quittant je lui dis que ceux qui avaient encore quelque chose à toucher n'avaient qu'à user du même moyen et que j'étais toujours prêt à les satisfaire.

Je n'avais pas à prendre d'autre engagement.

M. Fabre n'avait aucune qualité pour m'en demander, dans une question où ma responsabilité personnelle était seule engagée.

J'ai de grandes occupations, il est vrai ; mais, je suis encore assez bien organisé pour qu'elles ne me fassent point oublier, quoi que vous en disiez, mes devoirs, si étendus ou si minces qu'ils soient. Vous dites que plusieurs souscripteurs avaient fait l'abandon de leur argent en faveur de l'hospice de la commune, où il fallait des réparations. Tout d'abord je vous dirai que ces souscripteurs n'avaient qu'à retirer leurs sommes, contre reçu, pour en faire emploi à leur convenance, où à m'adresser une déclaration m'autorisant à les verser, pour leur compte, entre les mains du receveur du bureau de bienfaisance. J'ai plusieurs fois entendu parler de cette intention ; mais je n'ai jamais vu aucun engagement, ni aucune déclaration précise. Bien plus, j'ajouterai qu'après avoir été réinstallé dans mes fonctions de maire, après la dissolution des municipalités imposées, mon premier acte fut de rechercher l'engagement dont vous parlez ; mais mes recherches furent sans effet. Je puis en cette circonstance en appeler au témoignage de M. Carrière, ancien adjoint,et de son honorable frère, aujourd'hui secrétaire de la Mairie. Il me fallait cependant une décharge pour me dessaisir de ce que j'avais encore entre les mains!...

Mais revenons à l'hospice et à ses réparations, dont franchement vous n'auriez point dû parler, car il s'y trouve une irrégularité manifeste commise sous l'admiministration de ce maire qui a toutes vos prédilections. Le maçon fut mis à l'œuvre et, son travail achevé, on en fixa de gré à gré *(qui ? il n'existe ni marché ni délibération !)* le prix à la somme de 300 francs, sur laquelle cet ouvrier n'a reçu que 100 francs.Las d'attendre, il fit citer le bureau de l'hospice devant le juge de paix. M. Pautrier s'empressa, selon vous, d'intervenir et parvint à arrêter l'instance, en déclarant que c'était son affaire.

Ici encore vous dénaturez les faits. Le maçon en question fit citer, non le bureau, mais le sieur Carrière, ordonnateur du bureau, qui, tout inquiet, vint me demander une lettre pour M. le juge de paix de Gardanne. Cette lettre, qui doit exister dans les papiers de ce magistrat, le priait de débouter ledit maçon de son instance, comme non recevable, par le motif, que s'il avait des droits à faire valoir, il devait se faire autoriser au préalable et citer régulièrement le bureau dans la personne de son président, ayant seul qualité de le représenter en justice. L'honorable juge de paix, meilleur appréciateur que vous, en fait de procédure, rendit un jugement en ce sens.

Cette affaire, contrairement à l'assertion contenue dans le mémoire du maçon Roux, fut appelée devant la justice de paix de Gardanne à l'audience du 7 mars

1877. Vous dites que les journaux s'emparèrent aussitôt de cette question ? Allons donc ! le journal la
Vedette, qui reçut vos inspirations et qui fut le premier
à s'en occuper, ne commença ses attaques contre moi
que le 3 novembre 1877, la veille de mon élection au
Conseil général.

Vous devriez vous en souvenir, car vous avez
répandu ce numéro à profusion dans le canton de Gardanne. Cependant vous avez eu le déboire de constater
qu'il ne produisait pas grand effet, puisque j'obtins
600 voix de plus qu'aux élections précédentes. Mais cet
incident, que vous soulevez imprudemment, donne la
mesure de vos procédés et caractérise suffisamment la
campagne politique que vous avez entreprise contre
moi, avec l'aide d'un petit journal dont les œuvres et
les tendances sont connues et jugées.

La somme de 50 francs que j'ai versée entre les
mains de l'ordonnateur du bureau de bienfaisance ne
l'a point été à la suite de la citation du maçon, encore
moins à la suite de vos attaques. J'en appelle au témoignage de M. le curé de Bouc, qui doit être l'homme de
la vérité.

Quelques jours après le décès de l'honorable M.
Roussin, sur la souscription duquel il restait 50 francs,
je pensai que sa famille pouvait ignorer cette circonstance, et j'eus l'honneur d'écrire à Mme veuve Roussin
une lettre à la date du 15 mars 1876 pour l'en informer. Sa réponse, en date du lendemain, me fit connaître qu'elle abandonnait cette somme, à titre de don
manuel, pour être distribuée aux pauvres les plus
nécessiteux de la commune. Je donnai connaissance
de ce fait à la Commission administrative du bureau de bienfaisance, dans sa séance du 13 mai 1877,
et je mis la somme de 50 francs à sa disposition
pour une distribution immédiate. Mais divers membres
ne voulurent pas la recevoir, préférant la réserver au
paiement de la créance du maçon que vous avez cité.
Je résistai, car telle n'était point la volonté de Mme
Roussin. Cette volonté m'a été confirmée par son
honorable fils, aujourd'hui procureur de la République
à Brignoles, qui m'a dit avoir résisté à une démarche
faite depuis auprès de lui pour faire revenir sa famille

sur cette disposition. A la réunion suivante, qui eut lieu le 11 novembre 1877, j'insistai pour que cette distribution fût faite aux pauvres, et sur la confirmation par M. le curé que telle était bien la volonté de la donatrice, l'ordonnateur fut chargé de recevoir cette somme contre le reçu qu'il me remit et que je transcris ci-dessous (1).

« M. *Pautrier n'ajoute rien relativement à l'installation de l'école du Pin.* »

Dans ma circulaire du 11 avril 1871, j'avais indiqué que les sommes qui pourraient être abandonnées seraient consacrées à l'installation de cette école de création nouvelle. Si quelque souscripteur a abandonné, à cet effet, la somme versée par lui, je suis prêt à lui justifier que son intention a été rigoureusement remplie.

Non, Monsieur, l'école du Pin n'existait pas !.. C'était une simple garderie d'enfants tenue par une sœur du couvent de Septèmes, qui ne venait pas chaque jour régulièrement, et à laquelle la commune accordait une simple indemnité de 100 fr. par an. Ce chiffre, qui par suite du décès de la sœur Alphonsine (Mlle Berlandier) a fait l'objet du virement autorisé que vous critiquez, est à lui seul assez éloquent pour indiquer qu'il n'était point le traitement d'une institutrice.

(1)   COMMUNE DE BOUC

CANTON DE GARDANNE

Bureau de bienfaisance

Reçu de M. Pautrier, maire de la commune de Bouc, la somme de cinquante francs, qu'il nous a déclaré être le solde de la souscription publique faite par feu M. Roussin et qui lui a été abandonnée à titre de don manuel par Mme veuve Roussin pour être distribuée aux pauvres les plus nécessiteux de la commune.

A Bouc, le 11 novembre 1877.

L'ordonnateur du bureau,
Signé : CARRIÈRE.

L'école du Pin a été créée à la suite de la délibération du Conseil municipal républicain en date du 12 février 1871, suivant arrêté de M. le préfet du 7 novembre 1871.

Au cours de cet article, vous avez parlé de curieuses innovations faites dans la comptabilité communale ! Je tiens à mettre nos lecteurs à même de juger à qui incombent les innovations de ce genre.

Mon prédécesseur à la Mairie et le curé, alors M. Gibert, qui avaient l'un et l'autre pour le sieur Jean Roux, maçon, une prédilection toute particulière, non seulement lui firent faire, sans marché autorisé, la réparation de l'hospice dont vous avez parlé, mais encore des travaux d'une certaine importance au clocher, travaux qui devaient faire l'objet d'une adjudication. Lorsqu'ils furent terminés, le Maire croyant pouvoir faire payer cette dépense, délivra un mandat qui fut refusé par le receveur de la commune, par le motif que le Conseil municipal n'avait point autorisé la dite dépense.

Alors, dans la séance du 15 Mai 1875, pendant la session ordinaire, M. Fabre–Demollins, non sans quelque hésitation, soumit au Conseil municipal un devis y relatif s'élevant à la somme de 700 fr. Mais, comme les travaux restant à faire au clocher, pour lequel la somme de 2.250 fr. figurait au budget de l'exercice, auraient dû faire l'objet d'une adjudication, le Conseil, sur ma proposition, refusa sa sanction, disant à M. le Maire que puisqu'il avait besoin de son approbation, il eût dû la lui demander avant de faire procéder à l'exécution des travaux.

L'embarras fut extrême ; mais rien n'arrêta nos administrateurs du 24 mai !!

L'entreprise Fontana du 8 août 1869, pour la première partie des travaux de réparations du clocher et du presbytère, avait été réglée par mandat n° 123 du 10 mars 1871, et la réception définitive régulièrement approuvée par M. le Préfet. Par arrêté du 10 juin 1871, approuvé le 19 octobre suivant par M. le Préfet, le cautionnement avait été remboursé.

Eh bien !! à la date du 10 avril 1876, M. Fabre–Demollins prit un arrêté rapportant celui du 10 juin 1871, et déclarant que l'entreprise Fontana avait été réglée à tort, et qu'il y avait lieu de la considérer comme se continuant !..

En conséquence de cet arrêté, qui fut approuvé le 29 avril 1876, sous l'administration préfectorale de M. de Tracy, un mandat fut dressé au nom du sieur Fontana, qui, comme personne interposée, en a touché le montant, pour le remettre au sieur Jean Roux, maçon, qui avait exécuté les travaux dont s'agit, sans surveillance, ni contrôle !..

Après cette digression trop longue, mais nécessaire pour l'édification de nos lecteurs, je passe volontiers, Monsieur, à l'affaire qui *vous* préoccupe.

III

Les études hydrauliques.

Après les travaux importants que vous et vos auteurs avez entrepris, pour capter les sources souterraines qui se trouvent dans votre propriété, vous devriez, mieux que personne, comprendre le désir bien naturel pour la population de Bouc de voir arriver l'eau de l'unique fontaine *qu'elle possède* jusqu'au centre du village.

Ce projet, qui n'est point l'obsession de mon esprit, fut une des améliorations dont le Conseil municipal républicain, élu en 1870, avait promis de s'occuper en première ligne, et, fidèle observateur de ses promesses, il s'occupa, dès son installation, de cette question. Sa réalisation n'a rien de chimérique, et l'on voit dans bien des localités, l'adduction d'eau potable faite au moyen d'une pompe à vapeur : à Fuveau, par exemple, il est facile de se convaincre de la solution du problème qui vous étonne.

Vous trouvez, Monsieur, la chose peu pratique en raison du débit limité de la fontaine, qui n'est point en corrélation avec le travail et la dépense de la pompe à vapeur à installer.

Je regrette de vous dire que vous êtes bien peu expert en la matière. Vous êtes sans doute plus compétent dans une question de marine.

La difficulté que vous signalez se rencontre dans la plupart des gares de chemins de fer; mais il est facile d'y remédier au moyen d'un bassin inférieur, dans lequel l'eau est emmagasinée, et que la pompe, par un travail intermittent, élève dans un bassin supérieur destiné à l'alimentation prévue, pendant que l'eau de la source s'accumule de nouveau dans le bassin inférieur.

J'engage vivement les habitants de Bouc à relire ces divers paragraphes de votre œuvre où, de votre autorité de jurisconsulte, vous affirmez d'abord que la fontaine n'est pas la propriété de la commune, et où vous dites ensuite que le résultat à obtenir serait hors de proportion avec les frais d'établissement et d'entretien de la machine alimentaire. Je suis d'un avis diamétralement opposé au vôtre. Je crois qu'un pareil résultat serait inapréciable pour la commune, qui ne devrait reculer devant aucun sacrifice pour l'obtenir ; sacrifice d'ailleurs dont le montant serait bien loin d'atteindre le chiffre que vous voulez faire pressentir.

Et puis, ne comptez-vous pour rien les inquiétudes qui seraient épargnées aux mères de famille qui tardivement sont obligées d'envoyer leurs filles à la fontaine, *dans un lieu au moins aussi solitaire que celui de Gratiane, qui a suscité toutes vos appréhensions au point de vue de la moralité!...*

L'étude de ce projet a exigé un travail préparatoire que vous ne pouvez apprécier; mais toute personne tant soit peu compétente pourra reconnaître qu'il n'a rien d'exagéré. D'ailleurs ce travail, avant les études de cabinet, a nécessité sur le terrain un opérateur que toute la population a vu pendant un certain nombre de jours accompagné de plusieurs porte-mires. Il ne s'agissait point seulement de calculer une différence de niveau, mais bien encore de faire un plan coté, comprenant le coteau de la Bonne-Mère, sur lequel serait établi le bassin supérieur, pour permettre de faire l'étude complète de la distribution de l'eau dans les diverses parties du village.

Les calculs de cabinet relativement à la force de la machine, aux dimensions des tuyaux, etc., ont été faits ensuite.

Vous trouvez étrange que, *Maire-Ingénieur*. je ne me sois point livré personnellement à ce travail. Ah! Monsieur, vous êtes vous-même étrange d'exprimer une pareille opinion! Toutes les personnes de bonne foi de la commune vous déclareront qu'à cette époque j'ai consacré bien des jours et encore plus de nuits à travailler à la Mairie, pour l'expédition des affaires publiques, et j'avoue que, malgré tout mon dévouement aux intérêts de la commune, mes forces avaient une limite.

D'ailleurs votre théorie finirait, suivant sa spécialité, à faire du Maire un personnage qui n'aurait plus ni place, ni repos. Elle fait même regretter à plusieurs que vous ne soyez *Monsieur le Maire*, et que la commune de Bouc n'ait point un navire à envoyer sur les lointains rivages!...

Les ressources de la commune étant limitées, le Conseil pensa, comme moi, qn'en présence des dispositions bienveillantes du Conseil général pour les œuvres d'utilité communale, il y avait lieu de demander à la Commission départementale un secours dans la répartition du produit des amendes de police correctionnelle.

Ce secours de 300 fr., accordé sur la demande du Conseil municipal, par délibération du 11 février 1871, dans un but spécial, a été rigoureusement employé à sa destination, sans que les contribuables de la commune aient eu à supporter aucune charge.

Les études dont s'agit n'ont point été ignorées. Le plan, et tout ce qui s'y rattache, existe à la commune, et, si vous n'avez pas pu les y trouver, vous avez été dans le même cas que moi, qui ai recherché, depuis, infructueusement, plusieurs pièces de l'existence desquelles j'étais très-sûr cependant.

Les deux mandats délivrés par moi, aux dates des 30 septembre 1872 et 3 mars 1873 écrits au recto et au verso de la même main, comme presque tous les mandats dressés dans les mairies, ont été la rémunération équitable d'un travail fait, rémunération connue et

2

justement approuvée par le Conseil municipal lui-
même. J'ajoute que pendant les années 1871, 1872 et
1773, la mairie avait un jeune secrétaire qui débutait
dans la carrière et dont le traitement était bien inférieur à celui qui avait été admis depuis de longues
années par toutes les administrations précédentes.
C'est alors que M. Blanc, pendant les jours fériés dont
il pouvait librement disposer, a contribué, dans une
large mesure, à l'expédition des affaires du secrétariat,
ainsi qu'il est facile de s'en convaincre par toutes les
pièces écrites de sa main. Il l'a fait par dévouement
pour moi, sans aucune rétribution, quoique le Conseil
municipal eût bien souvent insisté pour que la commune
lui tînt compte de son travail.

M. Blanc Léopold, connu dans presque tout le canton,
par suite de son séjour prolongé sur les divers points
du tracé de la ligne du chemin de fer, auquel il a été
occupé pendant plusieurs années, a su s'attirer l'estime
générale. C'est un parfait honnête homme qui ne se
serait jamais prêté à rien d'illégal. Il est depuis longtemps sous mes ordres, et, quant à ses rapports avec
ma famille, cela ne vous regarde pas. Il n'a jamais
habité Bouc, et n'a jamais figuré sur aucune liste électorale de la commune.

Je ne comprends réellement point, Monsieur, que
vous ayez ainsi cherché, à la légère, à nuire à un
honnête père de famille qui ne vous a jamais rien fait,
et qui est étranger à nos différends. Vous auriez pu lui
porter sérieusement tort en adressant à ma Compagnie
votre méchante lettre, et en l'accusant de complicité à
des actes illégaux. Quand on vise, comme vous le
faites, au personnage sérieux et important, on ne
devrait point avancer ainsi des faits erronés qu'il m'est
si facile de réfuter, et dont vous eussiez pu, au préalable,
vous assurer, puisque les listes électorales sont dépo-
sées soit à la Mairie, soit à la Préfecture.

D'ailleurs, cette vérification vous était d'autant plus
facile que, délégué de l'administration, en vertu de la
loi du 7 juillet 1874, vous avez pris part à la révision
des listes électorales, qui pendant plusieurs années ont
été signées par vous.

Trois autres employés sous mes ordres, MM. Baret,

Maurel et Renard, et non deux, comme vous le dites, (car vous n'avancez jamais rien d'exact), ont été électeurs à Bouc. Ce n'est point une faveur qu'ils m'ont due, mais bien un droit que leur donnait la loi.

Il est de notoriété publique que ces Messieurs ont habité la commune de Bouc pendant les années 1872, 1873, 1874 et 1875.

La preuve incontestable de leur droit d'électeur réside dans le fait suivant : Le 30 mars 1874, j'avais arrêté, comme Maire, la liste électorale, suivant les formes prescrites ; j'y avais porté les trois citoyens sus-indiqués. Le 29 août suivant, en exécution de la nouvelle loi, la révision en fut faite par une Commission présidée par mon successeur à la Mairie et dont vous faisiez partie, comme délégué du gouvernement. La nouvelle liste fut signée par vous, et maintint ces trois noms que vous n'aviez pu rayer, tellement leur droit était indéniable.

Au reste, Monsieur, j'ai accordé la même faveur à ces trois employés, en ne les oubliant sur aucun des rôles des contributions de la commune.

Telles sont les explications que j'ai à donner. J'ajoute que j'ai toujours été, et que je serai toujours prêt, à en fournir sur ma gestion administrative à quiconque me les demandera convenablement.

Ne croyez point que l'énumération de toutes les faussetés dont vous vous êtes fait le porte-voix à mon encontre ait eu rien de pénible pour moi : j'ai pu reconnaître que l'odieux en retombe sur vous seul.

La seule chose pénible à constater est qu'un officier supérieur de notre marine soit assez aveuglé par la passion et la haine, pour s'abaisser jusqu'à un rôle qui heureusement, dans notre pays, est toujours sévèrement jugé.

IV.

La captation des eaux.

Depuis que je suis propriétaire dans la commune de Bouc, mes relations avec feu M. Julien se sont bornées à l'échange de politesses résultant d'un bon et courtois voisinage. La disproportion considérable d'âge existant entre nous et la différence de nos positions n'étaient pas de nature à créer cette amitié qu'il vous plaît d'établir pour les besoins de votre thèse.

Je ne sais si l'on peut dire que M. Julien fût riche, dans toute l'acception du mot ; quoiqu'il en soit, je ne m'en suis jamais préoccupé.

Je suis homme, Monsieur ! mais ayant assez le respect de moi-même, et étant assez connu, pour que vos insinuations odieuses et jésuitiques ne me touchent en aucune façon.

Je ne vous suivrai donc point dans votre digression au sujet de mon intervention, comme Maire, dans votre procès avec la famille Julien. Je me contenterai de résumer le mémoire en défense pour le Conseil d'Etat, rédigé par les Conseils de la commune, qui ont pu mieux que personne apprécier votre attitude et la mienne.

« Le pourvoi des époux Rolland et consorts devant le Conseil d'Etat est une nouvelle phase des contestations que suscite M. Rolland à la commune de Bouc, depuis qu'évincé devant toutes les juridictions, il est dans la nécessité de respecter, au profit de la commune, la propriété d'eau privée, appartenant exclusivement à celle-ci et que depuis longues années il se disputait subrepticement avec M. Julien.

Les époux Rolland sont, ainsi que les hoirs Julien, voisins de la parcelle communale, n° 891, sur laquelle naît la source litigieuse.

Jusqu'en 1877 la commune ignorait absolument l'existence dans son sol de cette richesse importante.

Il n'en était pas de même de MM. Rolland et Julien, propriétaires limitrophes. Depuis longtemps, ceux-ci, par eux ou leurs auteurs avaient pratiqué de fort nombreuses galeries dans le sous-sol, afin de conduire ces eaux dans leurs terres et jardins ; et, successivement, ils en jouissaient, selon que l'un avait creusé une galerie plus profonde que l'autre.

Ils savaient très-bien que la source naissait dans le sol communal ; mais ils n'avaient garde d'en informer la commune, pour n'être pas soumis, comme cela se produit aujourd'hui, aux légitimes exigences de celle-ci.

Il y a dix ans, l'auteur des époux Rolland essaya de s'emparer d'une portion du sol communal, pour en avoir la source, en demandant un bornage qui lui attribuait, par le déplacement de la ligne divisoire, la partie de la parcelle n° 891, où naît la source. Ce fut l'auteur des hoirs Julien qui, exerçant les droits de la commune, obtint de la justice de faire restituer la vraie limite des parcelles, et fit ainsi respecter les droits de la commune si ouvertement méconnus par l'auteur Rolland.

Ces dernières années, la situation a changé : l'auteur Julien a pénétré sous le sol communal et a découvert la source litigieuse à sa naissance même ; ses travaux ont eu en même temps pour résultat de paralyser ceux de M. Rolland, et c'est pourquoi celui-ci, dans son intérêt exclusif et privé, a cherché le moyen de combattre l'entreprise Julien.

Nous disons que M. Rolland a agi dans son intérêt tout-à-fait personnel, parce que telle est la vérité ; et c'est dans ses propres actes que nous allons trouver un démenti formel à son prétendu souci du bien communal qui lui fournit matière à tant de déclamations.

Les époux Rolland ne poursuivaient qu'un but : jouir des eaux de la commune sans bourse délier. Profitant du passage essentiellement provisoire à la tête de la municipalité de Bouc de l'un de ses amis, M. Rolland mit le Conseil municipal en demeure de veiller aux intérêts de la commune, au sujet des fouilles de M. Julien.

Il aurait désiré que la Commune entreprît un procès dont il aurait eu les bénéfices. Mieux avisé, le conseil municipal, contrairement à l'opinion de M. Fabre-Demollins, et sur mon avis. comme conseiller municipal, laissa à M. Rolland la faculté d'entreprendre à ses frais le procès, et il se réserva tous ses droits contre M. Julien, si un empiètement sur le terrain de la commune était établi contre lui (voir délibérations du 12 décembre 1875 et du 6 février 1876).

A propos de cette dernière délibération qui motive vos félicitations à M. Fabre-Demollins et vos regrets à mon égard, je vous dirai qu'elle a été prise et rédigée d'après mes propres dires. Vous m'obligez à vous rappeler que le Maire imposé du 24 mai n'a jamais eu aucune influence sur le conseil républicain élu !

Les époux Rolland se décident à actionner M. Julien; leur mémoire en autorisation est du 16 mars 1876, et, phénomène de précipitation bien plus étrange que le fait signalé avec une insigne mauvaise foi par M. Rolland, pour l'approbation préfectorale du 8 février 1878, l'arrêté du conseil de préfecture accordant l'autorisation demandée est rendu 6 jours après seulement !.. le 22 mars !.. sans que les formalités d'usage eussent été remplies.

En effet, M. le Préfet de Tracy soumettait *de plano* la demande au Conseil de préfecture, sans prendre l'avis préalable du comité consultatif des communes, comme cela se pratique d'ordinaire.

Le tribunal d'Aix, devant qui l'affaire est portée, ordonne une expertise. Il éconduit les propriétaires inférieurs que M. Rolland fait apparaître de nouveau à sa suite dans son pourvoi, et dont l'intervention ne saurait être prise au sérieux. Les experts procèdent à leur mission ; ils découvrent les fouilles Julien et la source de la commune.

Un point qu'il importait à la commune de Bouc de faire établir était celui de savoir s'il existait une corrélation entre cette source et celle qui alimente la fontaine publique. C'était là le motif dont s'était prévalu M. Rolland, pour empêcher l'échange proposé à la commune par M. Julien.

L'intérêt public des habitants réclamait que l'on fût fixé sur cette question essentielle, et je m'empressai de la soumettre aux experts.

Une énergique opposition fut faite à cette demande. Par les hoirs Julien ? Non ! mais par le contribuable dévoué qui déclare avoir reçu de l'opinion publique la charge délicate de m'enseigner mes devoirs de Maire : *par M. Rolland lui-même !*...

Sur mon instance, les experts procédèrent à cette vérification. Et pourquoi M. Rolland ne voulait-il pas de cet examen ? Parce qu'il savait que la fontaine publique n'a aucune corrélation avec la source, et parce qu'il était convaincu que les experts déclareraient (ce qu'ils ont fait) qu'on pouvait conserver les galeries Julien ouvertes, et qu'il fallait laisser les choses dans leur état actuel.

Voilà un exemple de la loyauté apportée dans le débat par l'homme que sa passion, je devrais dire sa monomanie à mon égard, aveugle et tourmente dans ses années de retraite.

Quelle devait être l'attitude de la commune de Bouc dans la discussion devant le Tribunal? Celle que marquent ses conclusions et qui a été consacrée par le jugement du 4 juin 1877.

La commune s'opposa d'abord, et très énergiquement, au comblement des galeries demandé par les époux Rolland. Agir autrement, eût été se priver, pour en faire cadeau à ceux-ci, de la belle source découverte, à grands frais, par M. Julien. Une richesse était trouvée dans son fonds; elle entendait l'utiliser et devait en tirer le meilleur parti possible, dans l'intérêt de tous les habitants.

La commune insista ensuite pour faire condamner M. Julien à des dommages-intérêts basés sur son indue jouissance des eaux; et enfin, pour le cas où une relation quelconque existerait entre cette source et la fontaine publique, elle demanda acte de ses réserves contre M. Julien,

Le Tribunal fit droit aux conclusions de la commune; il débouta les époux Rolland de leurs prétentions, et, notamment, de l'étrange demande de *50,000 francs* de dommages-intérêts que, *dans leur désintéressement*, ils avaient formulée pour eux personnellement; et, en attendant que la commune eût pris une décision pour utiliser les eaux de sa source privée, le Tribunal, d'office, ordonna la construction d'un mur *provisoire* à l'ouverture des galeries.

Sur le double appel de Julien et Rolland, la Cour, malgré les efforts téméraires des époux Rolland, maintint intact le droit de propriété de la commune, et dit que les galeries resteraient ouvertes, afin que la commune de Bouc pût disposer de son eau comme il lui conviendrait. L'emplacement du *mur provisoire* fut seul modifié.

L'arrêt de la Cour, comme le jugement du Tribunal, attribuent nettement à la commune son droit absolu de propriété sur les eaux de la source, sans servitudes, ni droits d'usage d'aucune sorte, au profit de MM. Rolland et consorts.

D'ailleurs, ce principe se trouve confirmé par une décision récente du Conseil d'Etat, en date du 7 décembre 1877, qui consacre le droit de tout propriétaire de faire des travaux dans son fonds, quand même ces travaux, en drainant le sol, diminueraient le débit de source d'eau souterraine, ce qui ne saurait donner droit à indemnité pour les tiers qui pourraient en éprouver des dommages.

Une somme de 1,000 fr. à titre de dommages-intérêts a été allouée par la Cour à la commune et mise à la charge des hoirs Julien. Les époux Rolland sont mal venus à se vanter d'avoir concouru seuls à ce résultat. Ils savent très bien que si la commune, pour éviter les frais d'un appel incident, n'a pas pu prendre de conclusions en ce sens, elle a, par plaidoirie, insisté plus encore qu'eux pour obtenir l'indemnité que lui avaient refusée les premiers juges.

Les décisions judiciaires mettaient définitivement à néant les espérances de M. Rolland de jouir des eaux de la source, sans payer aucune redevance à la commune.

Celle-ci se mit aussitôt en mesure de tirer profit de sa source, et, en ma qualité de Maire j'entrai en pourparlers avec tous les propriétaires intéressés, les hoirs Julien ainsi que les époux Rolland, eux-mêmes.

Les détails de ces démarches sont analysés dans la délibération attaquée du 3 février 1878. (1)

(1) L'an mil huit cent soixante-dix-huit et le trois février à deux heures après-midi, le Conseil municipal de la commune de Bouc s'est réuni à l'Hôtel-de-Ville pour la session de février dans le local ordinaire de ses séances, sous la présidence de M. Pautrier Alphonse, membre du Conseil général des Bouches-du-Rhône, Maire.

Etaient présents : MM. Beillieu Louis, Bérenger Etienne, Bonnefont Joseph, Gide François, Martin Jacques, Moutet Léon, Roux Antoine, Tronc Joseph et Pontier Antoine, conseillers municipaux.

Les offres essentiellement avantageuses des hoirs Julien furent acceptées unanimement par le Conseil municipal et la population. M. Rolland a eu grand peine à faire protester avec lui quelques voisins.

La justice ayant formellement proclamé le droit de propriété de la commune et débouté les époux Rolland

M Moutet Evariste, retenu chez lui pour cause de maladie, de lait excuser de ne pouvoir assister à la séance.

La séance étant ouverte, M. le Maire invite le Conseil à faire choix d'un secrétaire; le Conseil désigne à l'unanimité M. Beillieu Louis, qui prend place au bureau.

L'ordre du jour appelle la délibération du Conseil sur les proposition faites à la commune de Bouc, par les hoirs Julien, à l'effet de tirer parti des eaux de la source qui se trouve dans la parcelle communale n° 891.

M. le Maire prenant alors la parole fait l'exposé suivant :

Messieurs, je suis heureux qu'avant votre réunion vous ayez pu entendre contradictoirement ici dans cette salle, les propositions des hoirs Jutien, et les observations de M. Rolland au sujet de la question qui est soumise à votre délibération, car je n'aurais point ainsi à vous faire l'historique de cette affaire, que vous connaissez tous anssi bien que moi ; j'ajouterai seulement quelques explications sur la situation actuelle de la question, avant de vous résumer les propositions sur lesquelles vous allez avoir à délibérer.

La Cour d'Aix, sur l'appel du jugement de première instance porté devant elle, a rendu à la date du 5 décembre dernier, un arrêt extrémement sage qui, confirmant le plein droit de la commune à la propriété absolue de la source, m'a en même temps donné pleinement satisfaction relativement à l'attitude que j'ai cru devoir prendre au procès dans l'intérêt de la commune.

En effet, tandis que les époux Rolland demandaient que la galerie indûment faite sous le sol communal par M. Julien, fût complètement fermée à chaux, ciment et sable, je demandais qu'elle ne le fût point pour conserver à la commune la faculté, le cas échéant, d'en user comme elle l'entendrait. La Cour, dans sa sagesse, a sanctionné ma demande en accordant en même temps à la commune la somme de mille francs à titre de dommages-intérêts

Toutefois, la Cour ne voulant pas que l'état des choses résultant d'un empiètement des hoirs Julien se continuât à leur profit, et voulant leur imposer une espèce de pénalité en sus des frais qu'elle a mis à leur charge, a ordonné en outre, à titre essentiellement provisoire, qu'un mur barrant la galerie serait construit par les soins d'un expert désigné, demanière que les eaux puissent reprendre autant que possible leur écoulement souterain primitif, en tant que la commune ne tirerait point parti de ses eaux.

de leur prétention à l'usage de l'eau, cette protestation
était une véritable atteinte à la chose jugée. M. Rolland
ne tenta pas moins de saisir à nouveau la Cour de la
question, et prit le moyen détourné de l'*incident sur
exécution*. Il échoua encore.

L'arrêt du 11 février 1878 a proclamé le droit pour

Cette condition de la justice, qui ne fait rien de puéril. ne
pouvait vouloir dire que le mur serait construit aujourd'hui
quand même il eût dû être démoli demain pour permettre à la
commune d'utiliser ses eaux !...

Je l'ai compris ainsi, et c'est pour ces motifs, messieurs,
qu'ayant reçu presque en même temps une proposition des
hoirs Julien d'utiliser les dites eaux, et l'assignation par les
époux Rolland d'assister aux opérations de la construction du
mur par l'expert, j'ai fait opposition à la construction du mur.
Je ne préjugeais point, messieurs, votre décision, mais je
faisais œuvre de prévoyance administrative. C'est alors que, ne
voulant pas motiver une réunion extraordinaire du Conseil
municipal en raison de l'époque rapprochée de la 1re session
ordinaire, et vous ayant consultés officieusement, je vous de-
mandai votre avis, et que nous convînmes pour faire cesser les
tiraillements, que cette affaire cause depuis trop longtemps,
d'offrir aux époux Rolland, de leur partager l eau par moitié
avec les hoirs Julien, moyennant une redevance annuelle de
cent francs pour chacun. Je me rendis aussitôt à Aix et je fis
la dite proposition à M Dauphin, avoué des époux Rolland,
qui me promit de la lui transmettre immédiatement.

Vous savez, messieurs, d'après la conversation que nous
avons eue avec M. Rolland, que cette proposition lui a été
communiquée, mais qu'il n'y a fait aucune réponse. A la suite
de tout cela, les époux Rolland ne reconnaissant point à la
commune le droit de disposer de ses eaux, ainsi que le porte
l'arrêt de la Cour, et voulant quand même que la construction
du mur soit faite, ont assigné la commune devant la Cour en
interprétation du dit arrêt

Sur ma demande, et malgré les instances de M. Rolland, la
cause a été renvoyée à la quidzaine et doit venir le 11 courant.
Toutefois, après m'être entendu avec le Conseil de la commune, nous avons appelé en cause les hoirs Julien pour les
rendre responsables des conséquences de l'ajournement devant
la Cour.

Sachant que plusieurs d'entre vous désiraient que les eaux
de la commune fussent immédiatement utilisées au profit de
la population entière, et en raison de l'offre pas assez rémuné-
ratrice faite par les hoirs Julien, je les ai appelés dans mon
cabinet pour obtenir d'eux de meilleures conditions, et je les
ai amenés aux nouvelles conditions plus avantageuses que
vous connaissez. Comme vous l'avez entendu tantôt, M. Rol-

la commune de Bouc de disposer de l'eau de sa source à son gré, sans qu'encore une fois, aucun habitant puisse prétendre à un droit quelconque d'usage à ces eaux.

C'est ici que se manifeste encore le mode si loyal de procéder des époux Rolland.

land a reconnu lui-même qu'elles seraient très satisfaisantes dans l'intérêt général si elles étaient pratiques, ce qu'il ne croit pas, et si, selon son expression, les hoirs Julien n'offraient point un œuf pour avoir un bœuf. A nous, messieurs, de prendre les mesures utiles pour que le résultat réponde à nos désirs et aux intérêts qui nous sont confiés.

Les hoirs Julien offrent de céder à la commune et à perpétuité, le puits qu'ils ont sur leur terrain, désigné sous le nom de puits noyer, avec le droit de passage pour y accéder sur tout le parcours des parcelles qu'ils possèdent dans le vallon de *Terre blanque*, soit en dessus soit en dessous du dit puits. Il sera établi au fond du puits un barrage qui devra toujours ménager un emmagasinement d'eau de vingt mètres cubes au moins; ils établiront à leurs frais pour l'usage des habitants de la commune deux pompes à double effet pour élever les eaux de source coulant dans les galeries inférieures au dit puits provenant soit du fond communal soit de leur propre fonds.

Ces pompes seront, une à bras pour l'usage individuel, et l'autre mue par un manége, afin de faciliter l'élévation d'une plus grande quantité d'eau pour les provisions faites au moyen de tonneaux. Ils établiront enfin un lavoir à dix places avec bordures en pierre de taille et un bassin pouvant contenir un approvisionnement d'eau de cinq mille litres muni d'un robinet à pompe, le tout sous un hangar couvert en tuiles plates, dont la charpente sera supportée sur des piliers en maçonnerie.

Les hoirs Julien s'engagent en outre à céder à la commune la surface de terrain déterminée par un périmètre de cinq mètres de largeur tout autour des constructions sus-indiquées, et à verser dans la caisse municipale la somme capitale nécessaire pour acheter sur l'Etat une rente de vingt-cinq francs.

En retour des dits engagements, la commune concède aux hoirs Julien ou à leurs ayant droit, le surplus des eaux qui ne serait pas utilisé pour les besoins de la population, qui pourra en prendre pour tous ses besoins domestiques de tous genres, mais non pour arroser.

La commune seule pourra en disposer pour l'arrosage des plantations et des promenades publiques.

Telles sont, messieurs, les offres des hoirs Julien!.. Il est inutile de vous faire ressortir que ce résultat inespéré pour les finances communales est évidemment la conséquence d'un

Le traité des hoirs Julien, accepté en principe, ne pouvait lier régulièrement la commune qu'après l'approbation du Conseil municipal. Or il fallait un certain temps pour réunir le Conseil. Un délai était également nécessaire pour avoir la sanction préfectorale.

Les époux Rolland saisissent aussitôt la Cour de, leur demande incidente ; ils soutiennent que la commune n'a pas le droit de s'opposer à la construction du *mur provisoire,* parce que les accords en vertu desquels elle utilise son eau ne sont pas définitifs

La cour accorde jusqu'au 11 février, les délais nécessaires pour remplir les formalités légales.

Je fais mes diligences et soumets le traité au Conseil municipal et à l'autorité supérieure. Naturellement M. Rolland, toujours mû par l'intérêts public, s'ingénie, invente moyens sur moyens, pour empêcher la commune d'avoir un traité régulier au jour des plaidoiries !..

La veille même des débats, à la date du 10 février, il écrit au Préfet, non au Maire de Bouc, pour proposer

antagonisme dont nous devons savoir profiter dans l'intérêt de tous, car il pourrait fort bien cesser à la suite de la liquidation prochaine de la succession de feu M. Julien.

Je n'ajouterai plus rien, messieurs, il vous reste à juger la question et à en décider suivant votre conscience, vous donnant l'assurance que je me conformerai avec la plus scrupuleuse exactitude à votre décision.

Le Conseil municipal,

Ouï l'exposé très complet de M. le maire, après avoir longuement délibéré, décide à l'unanimité qu'il y a lieu d'accepter les offres faites par les hoirs Julien telles qu'elles sont relatées ci-dessus et autorise M. le maire de passer avec eux un traité régulier.

Le dit traité ne sera définitif qu'après avoir reçu l'approbation voulue par la loi et après que les résultats promis et la bonne exécution des travaux qui devront être faits dans le délai de trois mois, auront été reconnus conformes aux engagements par M Heckenroth. expert, qui a eu la confiance du tribunal et de la cour.

Ont signé au régistre tous les membres présents Signés : Beillieu ; Bérenger ; Bonnefont ; Gide ; Martin, adjoint. Martin Jacques ; Moutet Léon ; Roux Antoine ; Tronc Joseph ; Pontier. Antoine ; Pautrier Alphonse, maire.

au Conseil municipal de substituer au traité Julien un traité avec lui. Il offre alors de conduire sur le chemin d'Aix, par un tuyau de deux centimètres (0ᵐ,02) un filet d'eau pour un lavoir, et il demande en échange.. *l'aliénation de la parcelle nº 891 à son profit exclusif !!..*

Cette proposition était dérisoire et contraire aux intérêts de la commune. En effet, la source *du pégot* qui devait fournir le filet d'eau du lavoir se trouve en ce moment presque tarie !.. Elle n'avait point été faite en temps utile et n'avait d'autre but que d'essayer de tromper la justice sur les avantages précieux du traité définitivement convenu avec les hoirs Julien.

La singulière conduite des époux Rolland fut mise à jour devant la cour. Ceux-ci se posèrent alors ouvertement en adversaires de la commune et ils n'eurent d'autres ressources pour colorer leurs prétentions, que de soutenir que si le traité était régulier en l'état, ils se proposaient de l'attaquer par un recours en nullité !

En présence de cette déclaration, la cour devait, comme elle l'a fait, réserver la question d'exécution de son arrêt, au cas où le traité serait annulé. Mais elle redit dans son arrêt du 11 février 1878 deux propositions importantes qui ont aujourd'hui l'autorité de la chose jugée, savoir :

1º Qu'un traité régulier existait entre la commune et les hoirs Julien ;

2º Que tant que ce traité était en vigueur *le mur provisoire ne devait pas être construit.*

En fait, le traité est en voie d'exécution, et les hoirs Julien sont occupés à réaliser les conditions stipulées par la commune.

La question d'échange soulevée par M. Julien en 1873 n'a rien à faire aujourd'hui. D'ailleurs M. Rolland, mieux que personne, sait que s'il n'a pas été sanctionné, c'est à la suite de ses obsessions auprès de l'administration préfectorale d'alors, dans l'esprit de laquelle il parvint à faire naître des doutes, qui la décidèrent à laisser les choses en l'état. Ce fait antérieur de quatre ans à la découverte de la source et à raison duquel aucune décision contentieuse n'est intervenue saurait-il avoir un des caractères de la chose jugée ? La commune ne pouvait pas réglementer à ce moment la jouissance d'une eau dont elle ignorait être propriétaire. Le traité actuel a pour base les faits révélés en 1877 ; il n'a rien de commun avec les projets abandonnés en 1873.

. C'est en l'état de l'ensemble de ces faits, que les époux Rolland et consorts ont formé devant le Conseil d'Etat un recours pour excès de pouvoir. Nous avons la ferme confiance que comme la cour et le tribunal d'Aix, le Conseil d'Etat repoussera leurs prétentions intéressées et trop contraires aux vrais intérêts de la commune.

V

Le bouquet de pins. — Conclusions

Je me souviens très-bien, Monsieur, de la lettre que j'eus l'honneur d'adresser le 7 novembre 1869 à l'honorable M. Blain, alors Maire de Bouc, au sujet de l'acquisition de la parcelle communale n° 65 de la section B, et de la contenance de 5 hectares 14 ares 15 centiares. Du reste, si je l'avais oubliée, les documents officiels qui existent seraient là pour me rappeler toutes les phases de cette affaire.

D'abord sur ce terrain on n'a jamais opéré aucune coupe de bois, par la raison bien simple qu'il n'y avait pas de bois. Je n'ai pour cela qu'à vous renvoyer à l'exposé de la délibéraiion prise par le Conseil municipal le 7 novembre 1869, confirmé par le rapport de l'honorable M. Béranger, chargé, en qualité d'expert, par l'administration supérieure, d'évaluer le prix de la parcelle dont je demandais l'aliénation. Vous y trouverez l'indication que la parcelle dont s'agit est *entièrement dénudée, improductive et sans utilité pour la commune.* Comment donc aurait-on pu y faire une coupe de bois ! Mais voici un argument plus décisif encore : Si j'ai empêché d'abattre les 60 pins que vous signalez, pour les conserver, ils doivent donc exister ? Or, depuis les 8 années que je possède la parcelle en question je n'y ai rien fait couper, et elle ne contient point encore aujourd'hui un seul pin bon à abattre! La passion vous trouble-t-elle les sens au point de vous faire voir des forêts sur un roc dénudé?

Votre lettre, Monsieur, a groupé les faits que vous rapportez avec un art perfide, pour leur donner une signification qu'ils n'ont pas ; mais elle ne saura convaincre les honnêtes gens qui voudront se rendre froidement compte des choses.

Non, Monsieur, le sieur Deleuil, boulanger, dit *bâteau*, n'a jamais été adjudicataire d'une coupe de bois marquée sur la parcelle n° 65. Il l'a été d'une coupe marquée sur divers points des propriétés communales, parmi lesquelles avait été comprise une lisière de ma propriété personnelle que j'avais acquise de M. Bourrelly Désiré.

Par suite d'un bornage général opéré à la demande de la commune, diverses rectifications de limites avaient été faites par les experts. Je me trouvais dans ce cas. Lorsque nous fûmes cités devant M. le juge de paix de Gardanne pour assister à l'homologation du procès-verbal de bornage, je m'y rendis en compagnie de feu M. Agard, votre beau-père, accompagné de Me Dauphin, père. notre avoué commun, qui, muni de nos titres de propriété, revendiqua, soit pour M. Agard, soit pour moi, les parties détachées. M. le juge de paix, appréciant la justesse de nos réclamations, nous maintint en posséssion, et renvoya la commune, si elle le jugeait opportun, à se pourvoir au pétitoire devant le Tribunal civil.

Je dis alors à l'honorable M. Blain que j'allais moi-même lui faire un procès pour le préjudice que la commune m'avait causé en faisant abattre quelques arbres. Mais il reconnut mes droits et le peu d'importance pour la commune de poursuivre cette affaire. C'est pourquoi l'accord suivant fut arrêté : j'abandonnais les arbres abattus chez moi; ceux qui restaient à abattre étaient laissés sur pied, et le sieur Deleuil, ayant versé le montant de sa coupe dans la caisse municipale, ne serait pas remboursé de la somme afférente à son abandon; mais il lui en serait tenu compte par un nombre d'arbres équivalent pris sur d'autres points de la propriété communale.

Le sieur Deleuil, qui est décédé, ne se fâcha jamais. S'il vivait encore, il donnerait un formel démenti à vos indications fantaisistes. Ce n'est point en 1871, mais bien en 1873, au mois d'août, que, s'adressant à M. Roux Antoine, conseiller municipal, il le pria de réclamer du Conseil la solution de cette affaire. Si j'avais été son débiteur, il se serait adressé directement à moi, ou tout au moins, il aurait fait connaître cette prétention à M. Roux, en le chargeant d'agir auprès du Conseil. Mais cet honorable conseiller municipal est encore là pour confirmer l'exactitude de ce que j'avance.

Le Conseil municipal, qui était parfaitement au courant de la question, se chargea de choisir, sur la parcelle communale de Sainte-Anne, le nombre d'arbres devant établir en faveur du sieur Deleuil la compensation qui lui était légitimement due.

Je ne me suis point occupé de l'exécution de cette affaire, les membres du Conseil municipal connaissant mieux que moi les propriétés de la commune.

J'espère que nos lecteurs pourront juger par ce qui précède que je n'ai point payé une dette personnelle de 60 francs environ avec l'argent de la commune. Vous m'obligez cependant, Monsieur, pour me défendre jusqu'au bout contre de si ridicules accusations, à mettre sous les yeux du public des faits que j'avais toujours cru devoir conserver pour moi et qui sont relatés dans la lettre ci-dessous (1) de l'honorable M.

(1)   Lançon, le 23 juillet 1878.

A Monsieur Pautrier, Maire de Bouc,

Monsieur le Maire ,

En réponse à votre lettre du 30 juin dernier, je m'empresse de déclarer pour rendre hommage à la vérité que, pendant ma gestion de Percepteur-Receveur municipal sous votre administration, bien des fois lorsque j'ai eu à exercer des poursuites pour la rentrée de diverses cotes d'impositions ou de rétribution scolaire contre des contribuables de votre commune, qui quoique n'étant pas indigents se trouvaient momentanément dans la gêne, vous n'avez pas hésité, pour éviter les frais, à

Fontaine, alors percepteur à Gardanne et receveur municipal de la commune.

Mais, revenons à l'aliénation de la parcelle n° 65 que j'avais demandée à mon profit.

Par sa délibération en date du 7 novembre 1869, le Conseil municipal reconnut l'avantage de ma proposition, et l'adopta. Il autorisa, en conséquence, M. Blain, Maire de la commune, à faire les formalités nécessaires pour l'aliénation.

A cet effet, l'Administration supérieure désigna, pour procéder au lever du plan et à l'estimation de la dite parcelle, l'honorable M. Bérenger Etienne, dont les connaissances spéciales ne sauraient être mises en doute par personne.

Dans son rapport, en date du 15 janvier 1870, il déclare que la parcelle dont s'agit est *dénudée, improductive et sans utilité pour la commune*, et, s'inspirant de l'intérêt de celle-ci et de mon désir d'acquérir, il en fixe la valeur à 1,550 fr.

Le Conseil municipal, appelé de nouveau à en délibérer, le 13 février 1870, confirma sa première décision, approuva le cahier des charges pour la mise aux enchères, et en fixa la mise à prix à 1,550 fr., décidant que les enchères ne sauraient être inférieures à 5 fr.

Vous dites que je proposai immédiatement d'ajouter une somme de 800 fr. à l'estimation fixée, si l'on consentait à me vendre le terrain de gré à gré. J'en donne un démenti formel à ceux dont vous vous faites l'écho.

Je ne craignais aucune concurrence, et le Conseil

---

payer de vos deniers des sommes relativement assez importantes.

En me demandant cette déclaration, vous me dites que vous faites appel à mes souvenirs et non à ma complaisance : il était inutile, Monsieur, de me faire cette observation, car je ne saurais jamais me soumettre à aucun acte de complaisance dans une question de ce genre.

Recevez, Monsieur le Maire, la nouvelle assurance des sentiments les plus respectueux de votre très-humble serviteur.

FONTAINE
ex-percepteur de Gardanne, en retraite.

3

municipal, en décidant la mise aux enchères, ne faisait que se conformer aux prescriptions de la loi.

Si même ce que vous dites était vrai, ma proposition n'ayant point été acceptée, j'en étais dégagé, et je pouvais me présenter aux enchères, comme le premier venu, en couvrant la mise à prix de 5 fr. soit en portant le prix à 1,555 fr.

Toutes les pièces relatives à cette affaire, après avoir été sanctionnées par une enquête publique qui fut exempte de toute opposition, ainsi qu'il résulte du procès-verbal dressé à la date du 5 décembre 1869, furent approuvées par arrêté de M. Levert, alors Préfet, à la date du 5 août 1870. Le dossier arriva à la Mairie le 9 du même mois. M. Blain fit aussitôt apposer des affiches fixant la vente publique à un mois de date, conformément à la loi, soit au 11 septembre 1870.

Le 6 septembre 1870, le Conseil municipal, qui venait d'être élu, fut convoqué par M. le Maire Blain, pour son installation. En présence de l'effondrement du gouvernement impérial, nous déclarâmes que nous ne considérions notre installation que comme provisoire, pour l'expédition des affaires, en attendant l'organisation du gouvernement républicain (voir le procès-verbal du 6 septembre 1870 au registre des délibérations).

Advenu le 11 septembre, jour fixé par mon prédécesseur pour les enchères publiques, je n'avais point le droit de ne pas les ouvrir, et le désir d'acquérir que j'avais indiqué par ma demande n'était pour rien dans cette opération, ainsi qu'il résulte des pièces officielles que je viens de relater et auxquelles j'étais demeuré étranger.

Vous avez dit que, devenu Maire, je ne pouvais plus acquérir, et que les sévérités redoutables de l'article 175 du Code pénal étaient là pour refroidir mes désirs. En effet, connaissant mes devoirs, je fis part aux membres du Conseil municipal de ma résolution de ne pas acquérir. Mais vous convenez *qu'on l'a tout d'abord regretté pour moi*. Votre aveu est précieux, car il démontre l'intention bien connue de la majorité de la population. Cette intention explique encore comment, sans recourir à l'interposition de personne, deux groupes d'habitants, convaincus de la possibilité de me revendre la parcelle, se présentèrent aux enchères, et n'hésitèrent point à en porter le prix à 1,800 fr., dépassant ainsi de 250 fr. la mise à prix. L'un était représenté par le sieur Olivier, qui resta adjudicataire, et l'autre, par M. Telmon, notaire. J'ai eu ainsi la faculté et le droit de racheter ladite parcelle. J'en ai profité, sans que mon honorabilité et ma délicatesse en puissent être le moindrement atteintes !

Si M. Blain était resté Maire 6 jours de plus, j'eusse pu être adjudicataire direct, et votre esprit de dénigrement n'y aurait rien trouvé à redire. J'étais Maire. Quel était mon devoir ? De ne pas concourir aux enchères, rien de plus. Je n'y ai pas concouru. Qu'avez-vous donc à me reprocher ? La mise aux enchères ? Elle n'était pas mon fait. L'inutilité de la parcelle adjugée, soit pour la commune, soit pour tout autre propriétaire que moi ? La certitude des enchérisseurs de pouvoir me revendre, à moi qui la désirais, la parcelle dont il s'agit ? N'avais-je pas le droit d'acquérir d'un particulier ? Est-ce donc simplement la réalisation d'un de mes désirs qui vous irrite ? Vraiment, Monsieur, votre logique est singulière !

M. Olivier n'est point mon vieux serviteur. Maître-maçon, il travaille chez moi, comme ailleurs, toutes les fois que j'ai besoin de sa spécialité. Mais je m'honore d'avoir de *vieux serviteurs* dévoués, et le contraste entre nous est toujours frappant : chacun sait combien vos relations avec ceux qui travaillent pour vous sont empreintes d'aménité !

Ceux qui vous ont entretenu de cette affaire ne sont point nombreux. La grande majorité de la population de Bouc connaît l'importance de votre entourage. Que ce fait ait été crié par dessus *vos toits*, c'est possible ; mais il n'était point sorti du cercle restreint qui vous entoure, avant la distribution de votre épître. J'ai toujours réglé ma conduite sur la loi ; mais cela ne saurait m'éviter, comme vous le dites, des interprétations méchantes, surtout quand on a affaire à des adversaires de votre genre. Croyez-le bien, je suis sans tourment ; jusqu'à ce jour, je n'ai été l'objet d'aucune sentence défavorable d'aucun juge et n'ai été gêné par aucune recherche de la justice attentive. Chrétiennement, je vous souhaite pareille sérénité d'âme.

Ma réponse est bien longue, mais telle est la conséquence de votre lettre. Le temps que j'y ai consacré eût
pu être employé plus utilement. Je ne le regrette pas
pourtant. Ce n'est pas précisément perdre son temps
que de tuer la calomnie, et il ne me déplaît pas que
vous m'ayez fourni l'occasion de rétablir dans toute
leur vérité les faits que vous avez dénaturés pour en
faire la base de votre pamphlet. Ceux de mes concitoyens, que guident seules la raison et l'équité, seront
ainsi en mesure d'apprécier la somme de loyauté que
vous avez apportée dans ce débat.

Malgré vos réticences, vous avez tout dit, Monsieur,
car si vous aviez cru trouver encore quelques méchan-
cetés à mon adresse, vous vous seriez bien gardé de
résister à votre penchant. Quant à moi, je n'ai plus
rien à vous dire, et j'ajoute que je ne vous dirai plus
rien, quelles que puissent être vos nouvelles attaques.

Vos intérêts particuliers et votre haine contre le parti
politique auquel j'appartiens ont été surtout votre mo-
bile dans les efforts que vous avez tentés pour discré-
diter l'élu de la commune de Bouc et du canton de
Gardanne. Il n'en reste pour vous que le dépit de n'y
avoir point réussi. Je puis facilement me passer de votre
considération. Je m'en console, en songeant que j'ai su
mériter et obtenir celle de la grande majorité de mes
électeurs, et celle de mes collègues du Conseil municipal et du Conseil général.

PAUTRIER ALP[se]

Ingénieur civil, Maire de Bouc, Conseiller
général et Président de la Commission
départementale des Bouches-du-Rhône,
Membre du Conseil départemental de
l'instruction publique, propriétaire à Bouc.

RÉPONSE

AUX

Observations contenues dans la 2ᵐᵉ brochure

DE

M. ROLLAND

Sur la note produite au Conseil d'Etat

PAR

M. PAUTRIER, Maire de Bouc

———

J'allais livrer à l'impression ma réponse à votre lettre, Monsieur, lorsque j'ai eu connaissance de votre deuxième brochure contenant vos observations sur le mémoire que j'ai produit au Conseil d'Etat pour repousser votre pourvoi. Je crois utile, des lors, d'ajouter quelques réflexions.

J'observe d'abord que, contrairement à l'épigraphe de votre lettre, au lieu de chercher la lumière, vous faites tout votre possible pour la voiler ! Votre tactique est toujours la même : vous embrouillez tout pour dénaturer les faits. Ainsi le mémoire manuscrit produit au Conseil d'Etat, au nom de la commune, relativement au pourvoi que vous avez formé en annulation de la délibération du 3 février 1878, n'a évidemment pas eu pour but de répondre à vos attaques personnelles contre moi. C'est un simple mémoire juridique, concis, ne touchant qu'aux divers points litigieux qui intéressent la commune, dans le procès pendant, et exclusivement destiné à être produit en justice. Personne ne pouvait être tenté d'y voir un simulacre de réponse aux accusations publiques et détaillées de votre brochure. Vous le saviez bien ; cependant vous affectez de vous y méprendre, et vous proclamez que c'est une réponse à votre lettre, afin de vous procurer le puéril plaisir de dire que la réponse est incomplète. Vous pouvez voir aujourd'hui que vous n'avez rien perdu pour attendre.

Votre deuxième brochure, ainsi que l'annonce une correspondance de Gardanne, insérée dans un numéro de journal du 21 juillet dernier, et dont il serait facile de trouver l'auteur, est de forme différente. Quelques exemplaires contiennent in-extenso le mémoire que j'ai produit et que vous critiquez. Pourquoi donc n'avez-vous fourni ces détails qu'à quelques rares favoris? Il eût été de bonne discussion de permettre à chacun de les apprécier. Mais, par prudence, vous avez pensé qu'il valait mieux que le commun des mortels ne connût point des faits qui certainement n'auraient pas été interprétés à votre avantage. Nos lecteurs les trouveront dans ma réponse à votre lettre.

Vous avez fait connaître le *Maire ingénieur* dans votre première œuvre! Je vous ai déjà dit à quels juges je m'en rapporte pour la saine appréciation de mes actes, *comme Maire* (1). *Comme ingénieur*, je préfère encore à votre opinion celle des personnes qui ont recours à mes aptitudes.

(1) Les résultats de mon administration sont de nature à justifier qu'elle n'a point été nuisible aux intérêts de la commune comme vous le dénoncez !

Aidé en toutes circonstances par le concours intelligent de mes collègues au Conseil municipal, il a été réalisé des économies qui ont permis d'acheter pour 154 fr. de rente sur l'Etat:

Titre n° 2272..... 5 pour cent .... 98 fr.
Titre n° 46610.... 5 pour cent..... 56 »

De plus, avant 1870 il était voté chaque année pour insuffisance de revenus des centimes extraordinaires qui se sont élevés jusqu'à 36; depuis, successivement d'année en année, le nombre en a diminué, et n'est plus pour l'exercice courant que de 16. Les contribuables peuvent facilement se rendre compte de ce résultat, en comparant leurs avertissements d'impositions antérieurs avec ceux de 1878.

L'achèvement des chemins vicinaux a reçu une impulsion qui est indéniable; dans la même période, nous y avons consacré pour travaux neufs une somme de 25000 francs environ.

Quant au rôle *d'historien*, je n'y ai point visé, encore moins à celui de *jurisconsulte*. C'est par ce motif que le mémoire que vous critiquez a été ridigé par les soins des Conseils judiciaires de la commune.

Ce mémoire, demandé par la voie administrative, et non déposé directement au Conseil d'Etat, a dû être signé par le Maire et l'adjoint, comme le veut l'usage. Au reste, l'adjoint devant suppléer le Maire, en cas d'empêchement, il est nécessaire qu'il ait connaissance de toutes les affaires. Son *infortune* n'est point grande en cette circonstance, et, croyez-le bien, il est homme à accepter toute la responsabilité de ses actes.

L'interprétation des jugements, comme vous le voyez, a été faite par des hommes spéciaux et compétents, qui connaissaient parfaitement la question et qui mieux que personne ont pu apprécier votre attitude.

Il est vrai que les Conseils judiciaires de la commune n'ont point la voix aussi *tonnante* que les vôtres. Mais croyez-vous que leurérudition, leur talent, leur autorité soient moindres? La valeur de leurs avis et de leurs appréciations est-elle moins sérieuse? Je puis vous donner l'assurance qu'ils jouissent auprès du Tribunal et de la Cour d'une estime qui leur permet de ne rien envier à vos conseils.

Votre première lettre n'est pour rien dans le remboursement du rèliquat de la souscription pour achat de fusils, encore moins la citation du maçon qui vous est si cher. Oui, j'ai voulu empêcher l'emploi de cette somme au paiement d'une dépense faite irrègulièrement. J'attendais patiemment la production de l'engagement (que l'on disait exister) par lequel les souscripteurs non remboursés faisaient l'abandon de leur quotité pour les réparations de l'hospice. Mais ayant acquis la preuve qu'il n'existitait rien de semblable, et cette affaire devant avoir une fin, j'ai adressé une *nouvelle circulaire* aux intéressés à la date du 5 juin 1878 à la suite de laquelle, sur la somme de 281 f. 06 non remboursée, celle de 198 f. 37 leur a été restituée. Nos lecteurs pourront juger de l'importance de cette affaire par le détail ci-dessous : (1)

(1) Réparation du reliquat de la souscription pour achat de fusils s'elevant à 281 fr. 06

NOMS DES SOUSCRIPTEURS	Remboursé directement contre reçu	ABANDONNÉ			Reste en dépôt au secrétariat de la Mairie à la disposition des intéressés
		à la Commune	Au bureau de Bienfaisance		
			pour les pauvres	pour réparations de l'Hospice	
	fr.	fr.	fr.	fr.	fr.
Carles Louis					15.00
Pelissier Louis, père					5,00
Martin Maximin					5,00
Mme Pelissier Martin-Emilie	5,00				
De Raymond					33,34
Gazelle Maximin					5,00
Cayol Joseph-Martin	5,00				
Cayol Joachim, fils	5,00				
Convert Joseph	15,00				
Feraud Alfred	5,00				
Pally Jean-Baptiste, dit Biscot	15,00				
Pontier Jean-Baptiste			5,00		
Pally Jean-Baptiste	5,00				
Feraud Jacques	1,70				
Etienne Casimir		5,00			
Durand Louis	1,65				
Michel Joseph	5,00				
Audibert Henri	10,00				
Raphaël François					5,00
Guitton Etienne					2,00
Raphaël Pierre					5,00
Joard Paul	3,34				
Michel Valentin					2,35
Mme d'Albertas					
Mme Paladan	10,00			33,34	
Dérissard Etienne					5,06
Mme Ve Autran Joseph				33,34	
Rossolin Edouard			30,00		
Blanc Bernard			5,00		
	86,69	5,00	40,00	66,68	82,69

Total......... 281,06

Vous dites que j'ai tenté d'entraîner le Conseil tout entier à faire une enquête sur les accusations dont j'ai été l'objet de votre part, mais qu'il y a renoncé ; que j'ai voulu ensuite lui faire signer ma note en réponse et prendre ma défense; mais que bien avisé, il m'a déclaré que c'était à moi à prouver mon innocence.

Je donne un démenti formel à cette dernière assertion, et pas un seul membre du Conseil municipal n'hésitera à confirmer ma protestation. Je n'ai rien demandé de pareil.

Après la publication de votre lettre' j'ai fait part, en effet, aux Conseillers municipaux de son contenu, et je leur ai dit que j'étais prêt à me démettre de mes fonctions de Maire, si une seule de vos attaques pouvait laisser quelque doute dans leur esprit. Tous, unanimement, m'ont répondu qu'ils ne voulaient point s'occuper de cette affaire, car ils paraîtraient alors attacher quelque importance à vos attaques, que j'avais toute leur confiance et qu'ils me priaient de continuer à consacrer aux affaires de la commune les soins et le dévouement qu'ils reconnaissaient que j'y avais toujours apportés.

Rappelez, vous-même, vos souvenirs ! Quand vous avez eu connaissance de ma demande, vous avez vu aussitôt quelques conseillers, et, cherchant à leur en imposer et à les effrayer, vous leur avez dit que vous les poursuivriez s'ils s'occupaient de nos différends !..

Ainsi que je vous l'ai dit plus haut. la signature de M. Martin, adjoint, n'est point isolée et solitaire, car il n'en a pas été demandé d'autre. Assurement elle n'a rien de risible. Au reste, rira bien qui rira le dernier.

Le comparant aux experts que vous dites que j'ai rédigé chez M. Julien lui-même, l'a été à la mairie, en présence de plusieurs personnes. Cela explique comment vous pouviez en connaître le contenu, car je n'avais aucun intérêt à le cacher. Il a été porté par le garde, qui, ne trouvant pas les experts, le remit à l'un des hommes qui se trouvaient sur les lieux. C'était un pli cacheté ! Comment auriez-vous pu en connaître le contenu, s'il avait été fait à l'endroit que vous dites, et confié aussitôt au représentant de M. Julien ?

J'ai bonne mémoire. Je me rappelle les diverses circonstances de cette période et je n'ai point oublié la ri-
dicule scène à laquelle vous vous livrâtes, en présence
des experts et de vos conseils judiciaires. Hors de vous,
égaré, en proie à une exaltation qui atteignit brusque-
ment le paroxysme de la fureur, on fut obligé de vous
tenir et de vous ramener à votre logis, pour éviter des
extravagances que rien ne justifiait à mon égard. Vos
conseils s'empressèrent de m'exprimer tous leurs regrets d'un pareil scandale.

Contrairement à votre assertion, le Tribunal et la
cour ont confirmé le droit absolu de la commune à la
propriété de l'eau qui naît dans la parcelle communale
n° 891. Vous n'avez, pour vous en convaincre, qu'à relire le jugement du Tribunal civil et les arrêts de la
cour, en date des 5 décembre 1877 et 11 février 1878.

Encore une inexactitude relative aux conclusions dé-
posées au nom de la commune de Bouc : Vous dites
qu'on a exigé que je misse au bas ma signature ! Ces
conclusions avaient été débattues dans le cabinet de
Me Guillibert, avocat, en ma présence, avec les trois
délégués du Conseil municipal. Toutefois, comme je
ne pouvais rester jusqu'à la fin de la conférence, par-
tant pour Nice où j'allais passer quelques jours avec
ma famille, Me Guillibert me demanda mon adresse
pour me les soumettre une dernière fois. Il le fit en
effet; et, simplement pour approuver ce qui avait été
arrêté, je visai la minute sur papier libre qui m'avait
été adressée. On ne craignait point, croyez-le bien, un
désaveu possible ; personne n'a le droit de douter de
ma parole. D'ailleurs, il y avait aussi là les trois conseillers municipaux délégués dont l'honorabilité vaut
la vôtre, M. Rolland !

La dissertation à laquelle vous vous livrez, sur les
délibérations non signées au registre, fait lever les
épaules à tous les membres des conseils délibérants, car
tous savent fort bien que les délibérations ne pouvant
être rédigées d'avance, ne sont couchées sur le registre et signées que plus tard. Dans les campagnes surtout, ce fait est général, car les conseillers, disséminés
sur les divers points du territoire, et quelquefois hors
de la commune, ne remplissent le plus souvent cette

formalité qu'à la session suivante. D'ailleurs, quand
on est sûr de l'exactitude d'une rédaction convenue,
quel est celui qui y refuserait sa signature ? Jamais
dans le Conseil municipal de Bouc un pareil fait ne
s'est produit. Cette question de signature est sans
importance, vous le savez bien. Vous avez assisté
vous-même, le 13 mai 1877, comme un des plus fort
imposés, à la délibération du Conseil renforcé, et
cependant, vous n'avez donné votre signature que
cette année-ci à la session de mai : encore, vous y
avais-je invité plusieurs fois ! La délibération analo-
gue, prise pour l'année courante, est couchée sur le
registre depuis le 25 mai dernier, et vous ne l'avez
point encore signée !...

Vous vous plaignez de n'avoir point eu de copie
conforme de diverses délibérations. Vous ne sauriez
vous plaindre de ne point en avoir eu connaissance,
car sur presque chacune des délibérations prises depuis
1870 vous vous êtes livré à des commentaires qui prou-
vent que le registre a été suffisamment à votre disposition.

Quant aux copies, il vous en a été délivré plusieurs
fois. Mais elles ne sauraient l'être séance tenante,
comme vous avez voulu l'exiger, en vous faisant escor-
ter d'un huissier. Lorsque vous en voudrez, conformément à la loi du 7 messidor an II, vous n'aurez
qu'à vous adresser au secrétariat qui vous indiquera
le jour où vous devrez venir la retirer. Toutefois,
comme le maire ne doit délivrer de copie que sur
papier timbré, et que la mairie n'en débite point, vous
aurez le soin de vous munir d'un nombre suffisant de
feuilles au timbre de 1 fr. 80. La commune ne doit pas
plus vous donner son papier timbré que ses sources
d'eau.

Personne, hors vous, ne s'est jamais plaint de mes
décisions, et, jusqu'à ce jour ne s'est récrié sur aucun
excès de pouvoir de ma part. Au contraire, on a toujours rendu justice à l'accueil bienveillant que j'ai fait
à ceux qui se sont adressés à moi.

La délibération incriminée par vous a été signée par
tous les conseillers municipaux, en parfaite connaissance de cause, car elle contient toutes les précautions

voulues dans l'intérèt général. Vous avouerez que vous ne faites pas grand honneur à leur intelligence en soutenant qu'ils l'ont signée sans trop savoir ce qu'ils faisaient.

Quant à l'approbation qu'y a donnée M. le préfet, je n'ai point à la défendre. M. Tirman, préfet des Bouches-du-Rhône, est un homme au-dessus de vos attaques ; il ne fait rien à la légère, et ne laissera jamais surprendre sa religion par qui que ce soit. Il n'y a d'ailleurs qu'à lire le dispositif de son approbation, pour en juger.

Le Conseil municipal, renouvelé le 6 janvier 1878, n'est point composé en entier d'amis personnels. Mais ce sont tous d'honnêtes gens, ne cédant à aucune considération particulière. On en trouve une preuve dans la délibération prise le 7 juillet dernier (1), à l'occasion

(1) L'an mil huit cent soixante-dix-huit et le sept juillet à trois heures après-midi, le Conseil municipal de la commune de Bouc s'est réuni dans le lieu ordinaire de ses séances sous la présidence de M. Martin Marius, adjoint, en vertu de l'autorisation donnée par M. le sous-préfet d Aix aux termes de sa lettre en date du 29 mai dernier.

Etaient présents : MM. Bérenger Etienne ; Beillieu Louis ; Bonnefont Joseph ; Gide François ; Moutet Léon ; Martin Jacques ; Roux Antoine ; Tronc Joseph et Pautrier Alphonse, maire.

MM. Pontier Antoine et Moutet Evariste, absents pour affaires urgentes.

La séance étant ouverte, M le président invite le Conseil à faire choix d'un secrétaire. M. Martin Jacques étant désigné à cet effet prend aussitôt place au bureau.

M le président, suivant l'ordre du jour, communique au Conseil un mémoire des époux Rolland qui a été transmis par M. le sous-préfet d'Aix, aux termes duquel le Conseil est invité à poursuivre l'annulation de l'acte de vente par lequel M. Pautrier Alphonse, ingénieur civil, aujourd'hui maire de Bouc, a acquis en 1870 la parcelle communale n° 65 section B du cadastre, par le motif que cette aliénation a été faite dans des conditions défavorables aux intérêts de la commune, et en même temps de poursuivre contre M. Pautrier le versement dans la caisse municipale du montant de la valeur de 60 pins abattus sans formalité légale sur la parcelle communale de Sainte-Anne par feu le sieur Deleuil, dit Bâteau, ancien boulanger. Lesdits époux Rolland se réservant, dans le cas où le Conseil ne donnerait point suite à leur proposition, de le faire

du mémoire que vous avez présenté, pour l'inviter à poursuivre l'annulation de l'acte de vente par lequel j'ai acquis l'ancienne parcelle communale nᵒ 65.

Je déclare formellement que mon opinion personnelle ne prédomine point sur le Conseil municipal, qui ne s'inspire dans ses décisions que de l'intérêt général de la commune, en tirant parti au profit de tous d'une situation particulière. Vous voulez la faire considérer comme intéressant une collectivité d'habitants, mais tout le monde sait qu'il n'en est rien, et qu'elle vous intéresse seul.

eux-mêmes comme contribuables de la commune en vertu de l'article 49 de la loi du 18 juillet 1837.

M. Pautrier prenant la parole dit au Conseil que quand même la loi ne lui en ferait pas une obligation, les convenances lui imposeraient le devoir de se retirer pour laisser au Conseil la plus grande liberté de discussion ; qu'au reste, le Conseil connaît cette question aussi bien que lui dans tous ses détails et que l'honorable M. Bérenger, aujourd'hui membre du Conseil municipal, qui s'en occupa dans le temps, pourra mieux que personne fournir des explications, s'il est nécessaire. Après ces paroles, M. Pautrier quitte la salle du Conseil et part immédiatement pour Marseille

Le Conseil municipal prend alors connaissance du mémoire des époux Rolland dans tous ses développements, et, après en avoir discuté les diverses propositions.

Sur le premier chef,

Considérant que la vente qui a été décidée en 1870 par l'administration municipale dont M. Blain était le maire et qui a eu lieu aux enchères publiques le 11 septembre 1870 a eu lieu sans désavantage pour la commune ;

Considérant que l'annulation de cette vente serait au contraire faite aujourd'hui au détriment des intérêts communaux ;

Considérant que la parcelle en question a été payée à un prix plus élevé que l'estimation du procès-verbal d'expertise dans lequel il avait été tenu compte de la convenance qu'il y avait pour M. Pautrier dans cette aliénation.

Délibère qu'il n'y a pas lieu de demander l'annulation de cette vente et accepte à l'unanimité les faits accomplis qui ont été décidés par le Conseil de cette époque.

Sur le second chef,

Considérant que d'après le rapport de l'expert qui a fait l'estimation de la parcelle nᵒ 65 aliénée, il n'existait aucun pin bon à abattre sur ladite parcelle, et que c'est par erreur que

Je tiens de la naïveté d'un de vos voisins, qui a les versures de vos eaux, que, s'il fait cause commune avec vous, c'est parce que vous l'avez menacé, de le priver de la moindre goutte d'eau ! Où est l'égoïsme *aveugle et sordide ?*

Je vous laisse, en vous disant que vous n'avez aucune preuve justifiant ce que vous avez avancé dans votre première lettre imprimée. Si vous croyez en avoir, vous pouvez les produire, je les attends avec calme et sans crainte.

Bouc, le 10 août 1878.

PAUTRIER ALPse

parmi les pins vendues au sieur Deleuil, dit Bâteau, en avait été comprise une soixantaine sur des parcelles acquises antérieurement par M Pautrier, parcelles avoisinant la prrcelle nº 65, et que dès lors M. Pautrier ayant revendiqué la propriété de ces pins, la commune était obligée d'en tenir compte au sieur Deleuil, qui en avait payé le montant, en les lui remplaçant sur un autre point par un nombre équivalent à la valeur de ceux marqués par erreur en dehors des parcelles communales; que c'est ce qui a été fait sur la parcelle de Sainte-Anne avec l'assentiment unanime du Conseil précédent.

Délibère à l'unanimité que dès lors il n'y a aucune suite à donner à cette question.

Et sur les deux chefs, le Conseil émet également l'avis à l'unanimité qu'il n'y a point lieu, dans l'intérêt de la commune, à autoriser les époux Rolland à être substitués à ses droits et actions.

Ont signé au registre :

Bérenger ; Beillieu ; Bonnefont ; Gide ; Moutet Léon ; Martin, adjoint. Roux ; Tronc Joseph ; Martin Jacques.

www.ingramcontent.com/pod-product-compliance
Lightning Source LLC
Chambersburg PA
CBHW071341200326
41520CB00013B/3069